Yellow Umbrella Books are published by Capstone Press,
151 Good Counsel Drive, P.O. Box 669, Mankato, Minnesota 56002.
www.capstonepress.com

Library of Congress Cataloging-in-Publication Data
Bauer, David (David S.)
    [Adding Arctic animals. Spanish]
    Sumando animales del Artico / por David Bauer.
    p. cm.—(Yellow Umbrella: Mathematics - Spanish)
    Includes index.
    ISBN 0-7368-4147-4 (hardcover)
    1. Addition—Juvenile literature. 2. Zoology—Arctic regions—Juvenile literature.
I. Title. II. Matemática (Mankato, Minn.)
QA115.B3818 2005
513.2'11—dc22   2004056080

Summary: Simple text and photographs introduce the animals of the Arctic, grouped to
provide practice in solving easy addition problems.

Editorial Credits
Editorial Director: Mary Lindeen
Editor: Jennifer VanVoorst
Photo Researcher: Wanda Winch
Developer: Raindrop Publishing
Adapted Translations: Gloria Ramos
Spanish Language Consultants: Jesús Cervantes, Anita Constantino
Conversion Editor: Roberta Basel

Photo Credits
Cover: Joel Simon/DigitalVision; Title Page: Creatas; Page 2: Joel Simon/DigitalVision;
Page 3: EyeWire; Page 4: Gerry Ellis/DigitalVision; Page 5: Creatas; Page 6: Jim
Brandenburg/Minden Pictures; Page 7: Jim Brandenburg/Minden Pictures; Page 8: Corel;
Page 9: Lynn M. Stone/Bruce Coleman, Inc.; Page 10: Jim Brandenburg/Minden Pictures;
Page 11: Creatas; Page 12: Erwin and Peggy Bauer; Page 13: Erwin and Peggy Bauer;
Page 14: Creatas; Page 15: Creatas; Page 16: Royalty-Free/Corbis

1 2 3 4 5 6 10 09 08 07 06 05

Sumando animales del Artico

por David Bauer

Consultants: David Olson, Director of Undergraduate Studies, and Tamara Olson, Ph.D., Associate Professor, Department of Mathematical Sciences, Michigan Technological University

Yellow Umbrella Books

Mathematics - Spanish

an imprint of Capstone Press
Mankato, Minnesota

El Ártico es un lugar frío.
Sin embargo, hay muchos
animales que viven allí.

¡Vamos a sumar animales del Artico! ¿Cuántos podemos encontrar?

Un oso polar busca comida.

Otros dos juegan cerca.
Suma los osos polares: 1 + 2 = 3

Las liebres Articas tienen
pelaje blanco en el invierno.

Tienen pelaje café en el verano.
Suma las liebres Articas: 2 + 2 = 4

Algunos lobos viven en el Ártico.

Los zorros viven allí,
también. Suma los animales
Articos: 1 + 2 = 3

El caribú hembra
vive con sus crías.

El caribú macho vive solo.
Suma los caribúes: 3 + 1 = 4

Los bueyes almizcleros
viven en manadas.

Se acercan unos a otros
para la seguridad. Suma
los bueyes almizcleros: 3 + 6 = 9

Las focas del Artico
nadan en el agua fría.

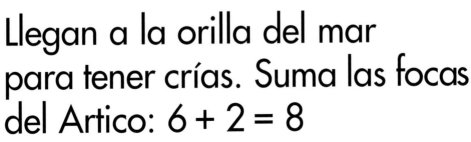

Llegan a la orilla del mar
para tener crías. Suma las focas
del Artico: 6 + 2 = 8

¡El Artico está lleno de animales! ¡Súmalos!

Glosario/Índice

(el) Ártico—región helada alrededor del polo norte; páginas 2, 3, 8, 14, 15, 16

(el) buey almizclero—mamífero grande de la familia de ganado vacuno; páginas 12, 13

(el) caribú—mamífero rumiante del Canadá, parecido al reno europeo pero de mayor tamaño; los caribúes son en la familia venado; páginas 10, 11

(la) foca—mamífero de costumbres acuáticas, dotado de aletas y con el cuerpo cubierto de un pelo espeso y brillante; páginas 14, 15

(la) liebre—mamífero parecido al conejo pero de mayor tamaño, con largas patas traseras adaptadas a la carrera y con las puntas de las orejas de color negro; páginas 6, 7

(el) oso polar—oso grande de pelaje espeso de color blanco; páginas 4, 5

(el) zorro—mamífero salvaje de hocico alargado, de pelaje color pardo rojizo y muy espeso, especialmente en la cola, de punta blanca; los zorros son de la familia de perros; página 9

Word Count: 132
Early-Intervention Level: 10